Armin Täubner

Weihnachten der Haustiere

Fensterbilder aus Tonkarton

frechve

Im frechverlag sind von Armin Täubner weitere Bücher zum Thema „Weihnachtsbasteln mit Tonkarton“ erschienen:

TOPP 1472

TOPP 1703

TOPP 1574

Fotos: frechverlag GmbH + Co. Druck KG, 70499 Stuttgart; Birgitt Gutermuth

Auflage: 5. 4. 3. 2. | Letzte Zahlen maßgebend
Jahr: 1998 97 96 95 94

frechverlag GmbH + Co. Druck KG, 70499 Stuttgart

ISBN 3-7724-1847-3 · Best.-Nr. 1847

Druck: frechverlag GmbH + Co. Druck KG, 70499 Stuttgart

Jeder mag Weihnachten:
groß und klein, jung und alt,
Jungen und Mädchen.

Wen wundert es da, daß auch unsere Haustiere Weihnachten mögen und mitfeiern möchten? Natürlich jeder auf seine Art: Katze Klara spielt mit dem Adventskranz, für die Hamster sind die Lebkuchen ein feiner Weihnachtsschmaus, die Wellensittiche treffen sich im Weihnachtsstern, die Katze bewacht ihr Päckchen, das mit Mäusen bemalt ist, und der Hund freut sich über seine Weihnachts-Extrawurst.

Alle freuen sich, daß endlich Weihnachten ist und jeder eine Kleinigkeit geschenkt bekommt, auch wenn es nur ein Lebkuchen ist oder ein schöner Tannenzweig als Schmuck.

Jetzt liegt es an Ihnen, die Haustiere ans Fenster zu holen und sie so in die Weihnachtsvorbereitungen miteinzubeziehen, aber bitte die kleine Extra-Bescherung nicht vergessen!

Und so wird's gemacht

❤ Sämtliche Teile des Motivs werden nebeneinander und ohne Überschneidungen mit Bleistift auf Butterbrot- oder Transparentpapier gepaust. Anschließend kleben Sie das Butterbrotpapier auf dünnen Karton.

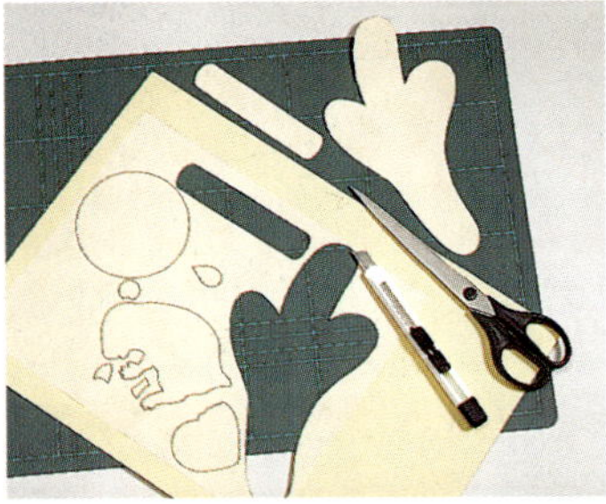

❤ Die Teile werden mit einer Schere und/oder einem Cutter exakt ausgeschnitten – das sind Ihre Schablonen.

❤ Legen Sie die Schablonen auf Tonkarton der entsprechenden Farbe, und zeichnen Sie dann die Konturen mit Bleistift nach. Schneiden Sie die Teile in der benötigten Anzahl aus.

❤ Nach dem Zusammenkleben – orientieren Sie sich dabei an der Vorlage und am Foto – wird das Fensterbild mit Filzstiften und mit Pluster-Pen bemalt.

Hamsterglück

- Der Goldhamster erhält die beiden Ohren und je einen weißen Kehl- und Bauchfleck. Malen Sie das Gesicht mit Tuschefüller auf.
- Die brennende Kerze wird samt Kerzenhalter auf dem Tannenzweig befestigt.
- Setzen Sie den Hamster mit dem Lebkuchen auf den Zweig.

Klaras Weihnachtsspielzeug

❤ Auf den Adventskranz kleben Sie das rote Band, die Kerzen und die Sterne.

❤ Der Kranz wird nun auf dem Katzenkörper fixiert.

❤ Malen Sie das Gesicht auf den Katzenkopf, und kleben Sie ihn auf den Adventskranz.

❤ Abschließend können Sie noch die Pfoten und die Schwanzspitze schwarz anmalen.

❤ Die Konturen von Klara und ihrem Spielzeug werden nach Belieben mit Pluster-Pen verziert.

Ein feiner Weihnachtsschmaus

❤ An der roten Schale wird von hinten zuerst der Lebkuchen, dann der kleine Tannenzweig (gestrichelte Linie), die Kerze und schließlich der große Zweig (Strich-Punkt-Linie) befestigt.

❤ Stellen Sie die Schale auf die Bodenfläche.

❤ Die Goldhamster erhalten Ohren und weiße Kehl- und Bauchflächen.

❤ Anschließend werden die Gesichter aufgemalt, und die Konturen des Fensterbildes mit Pluster-Pen verziert.

Nun können sie sich gemeinsam über den Lebkuchen hermachen.

Dies ist mein Geschenk!

❤ Malen Sie auf den Kopf (gestrichelte Linie) das Katzengesicht.

❤ Am Katzenhals wird zuerst das Halsband (punktierte Linie) und dann der Kopf befestigt.

❤ Auf das Paket, auf dem später die Katze sitzt, malen Sie zunächst die Weihnachtsmotive, bevor das rote Bandteil aufgeklebt wird.

❤ Katze und Paketband mit Pluster-Pen verzieren.

Advent, Advent...

❤ Dem Hund wird das Halsband angelegt, bevor das Ohr angeklebt wird.

❤ Auf der dunkelgrünen Wand fixieren Sie zuerst den dunkelroten Teppich. Anschließend wird die mit Schleife und Sternen geschmückte Girlande angebracht.

❤ Hund und brennende Kerze werden auf dem Teppich plaziert.

...ein Lichtlein brennt

❤ An der braunen Zimmerwand befestigen Sie zuerst den grünen Teppich.
Nun wird das weihnachtlich geschmückte Schränkchen aufgestellt und der Wandkranz aufgehängt.

❤ Die Katze erhält zuerst ein rotes Halsband (punktierte Linie), bevor ihr Kopf aufgeklebt wird. Malen Sie das Katzengesicht, und setzen Sie dann die Katze neben das Schränkchen.

❤ Die Konturen der Katze und des Weihnachtsschmucks werden nach Belieben mit Pluster-Pen verziert.

Weihnachten bei Familie Goldfisch

❤ Kerzen und Bodenplatte werden als ein Teil ausgeschnitten und durch die aufgeklebten grünen Kerzenhalter optisch abgetrennt.

❤ Das Goldfischglas wird sowohl an der Bodenplatte als auch an den Kerzenscheinen fixiert.

❤ Kleben Sie einen Goldfisch hinter, den anderen vor den Tannenbaum. Nun werden die Fische und der Tannenbaum auf dem Glas befestigt.

Mein liebstes Weihnachtsgebäck

❤ Am weißen Meerschweinchen werden von vorne die hellbraunen Fellflecken (durchgezogene Linien), die Ohren und von hinten die Beine angebracht. Nun erhält es sein Gesicht.

❤ Füllen Sie die beiden gelben Futternäpfe von hinten mit Möhren und Körnern (punktierte Linien) und den beiden Tannenzweigen.

❤ Die Futternäpfe werden auf der Bodenfläche fixiert. Ein Klebstoffpunkt verbindet die beiden Tannenzweige zu einem Bogen.

❤ Setzen Sie das Meerschweinchen unter die mit Lebkuchen geschmückten Tannenzweige.

❤ Noch plastischer wirkt das Fensterbild, wenn es mit etwas Pluster-Pen gestaltet wird.

Hugos Extrawurst

❤ Den Tisch schneiden Sie aus einem Teil aus. Die Kanten, die aufgezeichnet werden, werden durch schwarze Linien angedeutet.

❤ Auf den Tisch stellen Sie den Kerzenständer.

❤ Die Tannenzweige mit den roten Schleifen werden an den Tischbeinen angebracht.

❤ Stellen Sie den Tisch und den aus einem Teil ausgeschnittenen Hund auf den roten Teppich. Die Konturen am Hundekörper und an den Tannenzweigen werden mit Pluster-Pen nachgezogen.

Mein Festessen

❤ Kleben Sie die brennende Kerze von hinten senkrecht auf die Banane.
Die Mandarine wird ebenfalls von hinten an der Banane fixiert.

❤ Nun kann die Maus mit ihrem angeknabberten Lebkuchen auf die Banane gelegt werden. Davor ordnen Sie noch Nüsse, einen Apfel und einen Lebkuchen an.

❤ Die Konturen der einzelnen Teile, hier der Kerze und des Lebkuchens, können mit Pluster-Pen verziert werden.

Vogelweihnacht

❤ Am weißen Kakadukopf malen Sie zuerst das Auge auf.
Schnabel und Federhaube werden schwarz bzw. gelb eingefärbt.

❤ Am gelben, bogenförmigen Rahmen werden beidseitig die mit Schleifen und Lebkuchen geschmückten Tannenzweige fixiert. Die Rahmenmitte ziert eine große, rote Schleife.

❤ Der schwarze Futternapf wird von vorne, der Kakadu von hinten an der Querstange befestigt. Zum Schluß werden die Kakadufüße angeklebt und das Fensterbild mit Pluster-Pen verziert.

Lisas Weihnachtsschmuck

❤ Bekleben Sie den Schildkrötenpanzer (durchgezogene Linie) mit hellbraunen Hornplatten (gestrichelte Linien).

❤ Am Panzer wird von hinten zuerst das Beinteil (durchgezogene Linie), dann das Kopf-Schwanz-Teil (Strich-Punkt-Linie) befestigt.

❤ Malen Sie das Gesicht auf.

❤ Abschließend werden die brennenden Kerzen von vorne auf dem Panzer fixiert.

❤ Verzieren Sie die Konturen der Hornplatten und der Kerzenscheine mit Pluster-Pen.

Ist das etwas zum Knabbern?

❤ Die brennende Kerze wird mitten auf die Bodenfläche geklebt.

❤ Bei den Mäusen werden Ohren und Vorderbeine beidseitig angebracht, während von den Hinterbeinen jeweils nur eines von hinten befestigt wird.

❤ Malen Sie die Mäusegesichter auf, und stellen Sie dann die Mäuse an die Kerze.

Wer die Wahl hat...

❤ Malen Sie am gelben Kopf-Brust-Teil (gestrichelte Linie) den Schnabel rot und den Kopf bis auf den Augenausschnitt schwarz an.

❤ Nun wird das Kopf-Rumpf-Teil auf das grüne Rumpfteil (durchgezogene Linie) geklebt. Die Füße malen Sie schwarz an. Auch der Flügel wird bis zur punktierten Linie geschwärzt und dann am Rumpf befestigt.

❤ Am Futternapf, der mit Pluster-Pen-Körnern gefüllt ist, befindet sich ein kleiner Einschnitt (punktierte Linie), in den der linke Papageienfuß teilweise gesteckt wird.

❤ Kleben Sie den Tannenzweig auf die Querstange, und befestigen Sie davor den Futternapf mit dem Papagei.

❤ Abschließend werden die beiden Lebkuchen an schmalen Kartonstreifen aufgehängt und das Fensterbild mit Pluster-Pen plastisch verziert.

Tête-à-Tête im Weihnachtsstern

Abbildung auf der Umschlag-Rückseite

❤ Die Wellensittiche bestehen jeweils aus einem hellblauen Rumpfteil (gestrichelte Linie) und einem weißen Kopf-Flügel-Teil (punktierte Linie).

❤ Auf das Kopf-Flügel-Teil zeichnen Sie mit einem Tuschefüller Schnabel, Auge und Federn. Mit einem hellblauen Filzstift wird der Nasenhöcker aufgemalt.

❤ Kleben Sie das bemalte Kopf-Flügel-Teil auf das Rumpfteil.

❤ Setzen Sie die Wellensittiche zu beiden Seiten der Schleife auf den Stern. Schmücken Sie den großen Stern mit aufgeklebten kleinen Sternen.